UNE
PROMENADE DANS PARIS

EN 1650

AVEC UN POËTE BURLESQUE

LECTURE FAITE A LA SOCIÉTÉ DES BEAUX-ARTS DE CAEN

par

ÉMILE TRAVERS

ARCHIVISTE-PALÉOGRAPHE
MEMBRE DE L'ACADÉMIE DES SCIENCES, ARTS ET BELLES-LETTRES
DE CAEN ET DE LA SOCIÉTÉ DES ANTIQUAIRES DE NORMANDIE

CAEN

TYPOGRAPHIE F. LE BLANC-HARDEL
RUE FROIDE, 2 ET 4

—

1877

Tiré à part à 100 exemplaires.

UNE
PROMENADE DANS PARIS
EN 1650
AVEC UN POËTE BURLESQUE

Une des sources que doivent le moins négliger de consulter ceux qui s'occupent d'études rétrospectives, ce sont les poésies populaires dues aux rimeurs de carrefour ou de cabaret, aux conteurs de veillées, héritiers, dégénérés sans doute, mais non sans originalité, des rhapsodes de l'antiquité et des trouvères du moyen âge. Il ne convient pas non plus d'oublier les œuvres satiriques et burlesques dues à des plumes plus exercées et parfois aux meilleurs écrivains de leur temps. Ces compositions, —

dont nous n'avons pas à juger ici la valeur littéraire, — nous donnent souvent les renseignements les plus précieux sur la vie publique et privée, sur les habitudes, les usages, les mœurs des contemporains.

En feuilletant dernièrement un des volumes de la Bibliothèque gauloise (1), nous y avons trouvé, dans un poëme de Berthod, *La Ville de Paris en vers burlesques*, quelques détails sur un magasin de gravures et de tableaux au XVIIe siècle, et nous avons pensé qu'ils pouvaient offrir un certain intérêt à la Société des Beaux-Arts. Dans tous les cas, ce poëme burlesque, qui date de l'époque où les Scarron, les Colletet, les d'Assoucy, les Claude Le Petit, cultivaient ce genre plus ou moins estimable, ce poëme, disons-nous, est peu connu aujourd'hui; aussi nous croyons-nous permis d'en faire une rapide analyse et d'en citer quelques fragments.

(1) *Paris ridicule et burlesque au XVIIe siècle*, par Claude Le Petit, Berthod, Scarron, François Colletet, Boileau, etc. Nouv. édit. revue et corrigée avec des notes par P. L. Jacob, bibliophile. Paris, Adolphe Delahaye, 1859, in-16.

Bien que cet ouvrage, imprimé pour la première fois en 1650, ait eu presque coup sur coup dix éditions, le sieur Berthod (1), son auteur, est à peu près inconnu. Malgré les recherches les plus sérieuses, ni l'abbé Gouget, ni Viollet-Le-Duc, ni le bibliophile Jacob, ni tant d'autres érudits qui se sont occupés de l'histoire de la littérature française, n'ont réussi à reconstituer la biographie de notre poëte. On a même pensé que ce nom d'auteur pouvait n'être qu'un pseudonyme.

Le poëme de Berthod est intitulé : *La Ville de Paris, en vers burlesques, contenant les galanteries du Palais, la chicane des plaideurs, les filouteries du Pont-Neuf, l'eloquence des harengeres de la Halle, l'adresse des servantes qui ferrent la mulle, l'inventaire de la fripperie, le haut stile des secretaires de Saint-Innocent et plusieurs autres choses de cette nature.* En tête se trouve une épître en prose dans laquelle l'auteur fait connaître

---

(1) *Alias* Berthod, Berthau, Berthauld ou Bertaut.

à quelle occasion il a enfourché Pégase. En voici la première partie :

« A MES AMIS DE LA CAMPAGNE.

« Vous me demandez si souvent des nouvelles de Paris, et des particularitez de ce qui s'y passe, que je veux, pour vous satisfaire, vous en donner qui vous feront peut-estre rire quelque quart-d'heure, si vous prenez la peine de les lire. Tout le monde envoye dans les Provinces des Relations de ce qui se passe de beau dans cette grande et celèbre Ville, et chascun s'estudie à bien debiter les magnificences que l'on void à la suite du Roy, dans les Palais des Princes et dans les Ceremonies publiques ; moy-mesme je m'y suis escrimé comme les autres. Mais c'est une matiere trop serieuse : je veux, dans celles que je vous envoye, vous parler de quelque chose qui ne soit pas si fort eslevé. Si vous n'entendiez discourir que des beautez de Paris, elles ne vous paroistroient pas si rares, et vous n'en feriez pas l'estime que vous devez. Le grand nombre des belles choses en amoindrit le prix, et une confusion de merveilles empesche de les bien considerer. C'est pour cela [mes chers amis] que j'ay voulu vous divertir, par la lecture des Vers que je vous presente, où vous apprendrez ce que j'ay fait voir à un nouveau venu dans cette Ville. »

Berthod énumère ensuite les divers endroits de la « grand'ville, » où il a piloté son ami, et où nous allons l'accompagner à notre tour.

> Ouy Paris, fussé-je pendu,
> Quand on me l'auroit deffendu,
> Je veux, deussé-je vous déplaire,
> Décharger sur vous ma colère.

Tels sont les quatre premiers vers du poëme.

Ce début promet et nous allons voir que, si l'auteur, dans son œuvre burlesque, reste, quant à la forme, au-dessous du classique Boileau qui, lui aussi, a exhalé sa bile contre les « Embarras de Paris, » il a autant de raisons que lui de maudire cette ville, dont on dit tant de mal, mais qui cependant a du bon quelquefois. Aussi notre poëte se voue-t-il aux accidents les plus désagréables et les plus grotesques, si jamais il aborde de nouveau à cet horrible séjour.

Et tout d'abord nous voici sur le Pont-Neuf où Berthod se repent bien d'être allé voir la Samaritaine (1). Il y a bien

>. . . . . . ce grand cheval
>De bronze, qui ne fait nul mal,
>Toujours bien net, sans qu'on l'estrille
>(Dieu me damne, s'il n'est bon drille) :
>Touchez-le tant qu'il vous plaira,
>Car jamais il ne vous mordra :
>Jamais ce cheval de parade
>N'a fait morsure ny ruade.

La statue équestre qui décore aujourd'hui le Pont-Neuf n'est point celle qu'en 1650

---

(1) Machine hydraulique, attachée à la seconde arche du Pont-Neuf, du côté du Louvre, construite sous Henri III et détruite en 1816. Ce petit édifice possédait un carillon au-dessus de sa façade, qui était en outre décorée d'un groupe de deux figures représentant Jésus-Christ et la Samaritaine auprès du puits de Jacob, d'où jaillissait une fontaine. La Samaritaine avait un grand attrait pour les badauds qui n'ont jamais manqué dans la capitale.

contemplaient Berthod et son ami. La monture de Henri le Grand avait assurément le caractère pacifique que se plaît à louer notre poëte, mais elle avait cependant éprouvé des aventures bien romanesques pour un cheval de bronze. Ce n'était point, paraît-il, un modèle de perfection que ce cheval, aux formes lourdes, aux proportions exagérées. Il était dû à un artiste italien. Ferdinand, grand-duc de Toscane, l'avait commandé à Jean de Bologne, élève de Michel-Ange, dans le dessein de le surmonter de son effigie, car, à cette époque, les statues équestres se faisaient toujours en deux parties distinctes. Le prince et l'artiste vinrent à mourir, et Cosme II de Médicis fit mettre la dernière main au cheval par le statuaire Pietro Tacca, puis l'envoya en présent à sa sœur, Marie de Médicis, veuve de Henri IV et régente du royaume. Le navire, sur lequel cet énorme morceau de bronze était embarqué, se dirigea vers le Havre et échoua à quelque distance de ce port. Le malheureux cheval resta un an au fond de la mer, et l'on dépensa des sommes considérables pour l'en retirer; enfin il arriva à Paris, en 1613, et la reine-mère chargea un nommé Dupré de faire la statue de Henri IV pour être placée dessus. Ce fut la première statue équestre érigée en l'honneur d'un roi de France. Elle fut élevée au milieu du Pont-Neuf, sur un piédestal en marbre blanc exécuté d'après les dessins de Civoli. Aux quatre angles étaient attachées des figures d'esclaves dues, ainsi que les bas-reliefs, au ciseau de Francheville; enfin, aux quatre faces du piédestal, étaient placées des tables de bronze chargées de longues inscriptions. Ce monument ne fut terminé qu'en 1635. Un vandalisme odieux, oubliant que Henri IV était

Le seul roi, dont le peuple *eût* gardé la mémoire,

renversa sa statue en 1792, et l'infortuné cheval termina sa carrière sous le marteau des démolisseurs.

La contemplation du monarque et de sa calme et paisible monture arrêta sans doute pendant quelques instants le provincial que guidait Berthod, mais il en fut bientôt arraché par le tapage qui se faisait autour de lui. Le Pont-Neuf était, en effet, à cette époque, et il a été longtemps depuis, le lieu le plus fréquenté de Paris. C'était la principale voie de communication entre les deux rives de la Seine : c'était

> . . . . . le rendez-vous de charlatans,
> De filoux, de passe-volans,
> . . . . . . l'ordinaire theatre
> De vendeurs d'onguent et d'emplastre,
> Sejour des arracheurs de dents,
> Des fripiers, libraires, pedans,
> Des chanteurs de chansons nouvelles,
> D'entremetteurs de damoiselles,
> De coupe-bourses, d'argotiers,
> De maistres de sales mestiers,
> D'operateurs et de chymiques,
> Et de medecins spagiriques,
> De fins joüeurs de gobelets,
> De ceux qui rendent des poulets.

Voilà un monde bien mêlé. Chacun étourdit le public de ses cris pour attirer les chalands ; quelques-uns cependant leur proposent tout bas des remèdes secrets :

> C'est du mercure preparé,
> Et jamais Ambroise Paré
> Ne bailla remede semblable.

Puis tout d'un coup on entend crier : « Au

voleur ! » C'est un passant infortuné qu'un tire-laine vient de débarrasser de son manteau, pendant que des voleurs d'une autre espèce, les « tireurs à la blanque, » cherchent à piper les badauds et les font ponter à une loterie, en vantant les objets que l'on peut gagner et qui ne consistent qu'en mauvaises guenilles et en oripeaux sans valeur.

> « Çà, Messieurs, mettez au hazard !
> On tire deux fois pour un liard !
> . . . .
> Pour un sou, vous aurez six balles !
> Dit ce marchand d'estuis de balles ;
> A moy, Monseu ! Qui veut tirer,
> Avant que de me retirer ?
> Çà, chalans, hazard à la blanque :
> De trois coups personne ne manque ! »

Pendant que nos deux promeneurs se dirigent vers le Palais de justice, ils font la rencontre d'un cadet de Gascogne qui prétend reconnaître tout le monde. On se méfie de la familiarité de ce coureur d'aventures et de ses salutations intéressées, et on l'éconduit comme il le mérite. Le fils de la Garonne se fâche, provoque, puis, lorsqu'il s'agit d'en découdre, s'esquive prudemment.

Le provincial et son Mentor entrent au Palais.

> Et puis [dit Berthod], entrons dans le Palais,
> Où nous verrons que Rabelais
> N'a point dit tant de railleries,
> Qu'il s'y fait de friponneries.

Assurément le poëte satirique abuse ici de la permission qu'ont ses pareils de médire des gens. Soyons persuadés qu'autrefois, comme aujourd'hui, les plaideurs ne s'adressaient à dame Thémis que pour défendre leur bon droit, que les avocats n'avaient rien tant à cœur que de soutenir la vérité et que les gens de justice, de robe longue ou de robe courte, ne rendaient que des arrêts et non pas des services.

Cependant, au XVIIIe siècle, s'il faut en croire notre burlesque guide, il se faisait dans le Palais toute sorte de trafics plus ou moins avouables, et les « courretières d'amour, » entre autres, y exerçaient ostensiblement leur industrie.

Dans la galerie étaient établis des marchands de tout genre et surtout des libraires. Entrons chez l'un d'eux avec Berthod.

« Ça, Monseu, qu'achepterez-vous ?
Dit une belle librairesse.
Venez voir une belle piece,
Les *Heroynes* de Du Bosc. »

A coup sûr, si le provincial qu'accompagne Berthod est normand, il s'arrête à ces mots, car le livre qu'on lui propose n'est autre que l'ouvrage intitulé : *Les Femmes héroïques comparées avec les Héros*, publié pour la première fois en 1644 et dû au ministre protestant et savant théologien, Pierre Thomine Du Bosq, né à Bayeux, en 1613, et mort en exil, à Rotterdam, en 1692. La marchande offre du même auteur : *L'Honneste Femme* (1), ensuite les *Œuvres de Parabosc* (2), celles de Caussin (3), prédicateur et poëte latin très-estimé de son

---

(1) *L'Honneste Femme*, publiée en 1632, avec une préface de d'Ablancourt (1 vol. in-8°), a eu un certain nombre d'éditions.

(2) *Rime, Diporti, ovverro Novelle et Littere amorose*, de Girolamo Parabosco. Cet ouvrage, souvent réimprimé en Italie, au XVIe siècle, n'a pas été traduit en français.

(3) *La Cour sainte*, de Nicolas Caussin, 2 vol. in-folio ; les œuvres de cet auteur étaient fort recherchées à cette époque.

temps, malgré son style ridicule et ses idées bizarres; des livres d'heures; la *Cassandre*, le roman à la mode dû à la plume féconde du sieur de La Calprenède, et qui n'a pas moins de dix interminables volumes (1); les *Œuvres chrétiennes* d'Arnauld d'Andilly (2); puis elle fait passer en revue à ses chalands les pièces de théâtre en vogue; ce sont d'abord celles qui faisaient partie de la collection formée par le comédien Belle-Rose et vendue par celui-ci vers cette époque; ce sont ensuite la *Cléopâtre*, tragédie d'Isaac de Benserade; la *Galathée divinement délivrée*, pastourelle en cinq actes de Jacques de Fonteny, confrère de la Passion, et imprimée en 1587; la *Niobé*, tragédie avec chœurs de Nicolas Frenicle; la *Pasitée*, tragi-comédie de Pierre Troterel, sieur d'Aves; la *Mort de César* (probablement celle que le fameux Georges de Scudéry fit représenter avec succès et imprimer en 1636); *Jodelet ou le Maistre valet*, de Scarron; enfin le *Cinna*, de Pierre

---

(1) La première édition fut publiée de 1642 à 1644; d'autres parurent en 1648, 1654 et 1660.

(2) In-4°, 1644.

Corneille, dont la première représentation date de 1643. Sauf ce dernier, tous ces chefs-d'œuvre, si goûtés des contemporains, sont tombés dans un juste oubli. Combien des ouvrages de nos jours sont destinés à subir le même sort et le méritent bien.

Il paraît que les deux promeneurs ne veulent pas d'œuvres dramatiques. La « belle librairesse » ne se tient pas pour battue et continue avec une verve intarissable à offrir sa marchandise; du reste, les vendeurs que Berthod met en scène dans son poëme ont tous la langue admirablement pendue. La dame revient alors aux ouvrages plus sérieux et étale devant ses visiteurs, qui semblent rester sourds à sa voix, les *Essais* de Montaigne, l'*Histoire des guerres civiles de France*, de l'italien Davila (1), etc. Rien n'y fait, on n'achète pas. L'infatigable marchande veut en avoir le dernier mot et voir la couleur de l'argent de Berthod et de son compagnon. Elle passe à l'offre des livres prohibés alors, tels que le Rabelais complet,

---

(1) *Histoire des guerres civiles de France de* 1559 *à* 1598, Venise, 1630, in-4°, trad. en français pour la première fois par Baudouin, 2 vol. in-fol., 1642.

le *Baron de Fœneste,* d'Agrippa d'Aubigné, et le *Traité de la Sagesse,* de Pierre Charron, dont plusieurs passages ont été supprimés ou modifiés. Enfin elle ajoute :

« J'ay bien quelque chose de prix :
La *Doctrine des beaux esprits* (1).
Monseu, si vous estiez un homme
Pour y mettre une bonne somme,
Je pourrois vous en faire part :
Je l'ay dans un coin à l'escart.
C'est bien une piece fort bonne ;
C'est pour cela que la Sorbonne
A tretous nous a deffendu,
Sous la peine d'estre pendu,
D'en imprimer aucune chose :
Ainsi personne de nous n'ose
Dire qu'il a ce livre icy,
Mais, pour celuy-là que voicy,
C'est l'original, sur mon ame ! »

On voit par ce passage que, malgré les prohibitions de la Sorbonne et du Par-

___

(1) *Doctrine curieuse des beaux esprits de ce temps,* combattue par François Garasse, Paris, 1624, in-4°. Cet ouvrage souleva des querelles passionnées et violentes, et la Faculté de théologie, qui intervint dans le débat, mit à l'index tous les ouvrages du P. Garasse.

lement, qui n'y allaient pas de main morte contre les auteurs convaincus ou soupçonnés d'être mal pensants et contre les imprimeurs et les libraires, leurs complices, les ouvrages mis à l'index, ou brûlés en place de Grève par la main du bourreau, trouvaient asile dans le fond des boutiques du Palais, à deux pas des juges qui les avaient si sévèrement condamnés. Qui sait même si ceux-ci ne venaient pas les y chercher?

Continuons à suivre nos deux compagnons dans la galerie du Palais. Ils passent rapidement devant les étalages des marchands de masques et de gants, de lingerie, de bijouterie et de coutellerie, et arrivent dans la fameuse grand'salle bâtie par l'architecte Jacques Debrosse. C'est là que grouillent

> Des avocats, des procureurs,
> Qui fourbent les pauvres plaideurs.

La police n'y semble pas fort bien faite. Voilà dans un coin un laquais qui se bat avec un marchand de pain d'épice. Un peu plus loin un quidam irrévérencieux se tourne contre un pilier pour satisfaire un léger besoin, et cela sous le portrait même du

Roi! Le lecteur pense bien que Berthod, en sa qualité de poëte burlesque, n'éprouve aucun scrupule à appeler les choses par leur nom.

Les quelques pages qui suivent sont du plus haut comique. Le poëte nous raconte avec beaucoup d'esprit et d'entrain les conversations qu'il entend. De tous côtés les plaideurs exposent leur affaire à leurs avocats et à leurs procureurs. C'est à qui se plaindra dans les termes les plus amers des solliciteurs, des clercs, des rapporteurs, et débitera le plus d'injures contre la partie adverse. Un rustre apporte une poule au procureur qui doit faire rendre la liberté à d'innocents moutons qu'un sien beau-frère a fait saisir,

. . . . un jour de feste,
Sans avoir presenté requeste.

Mais ce qu'il y a de plus divertissant dans cette partie du poëme, ce sont les doléances de la femme d'un armurier,

Qui voudroit se desmarier.

A entendre cette commère, son vieil époux

aurait tous les défauts et, en fait de qualités, il n'en posséderait que de négatives, ce que la dame semble disposée à ne lui pardonner jamais. Nous aimons à croire, par respect pour la mémoire du pauvre homme, qu'il y a beaucoup d'exagération dans les plaintes de sa moitié.

Tout ce tracas fatigue à la fin nos promeneurs, et, quoique Berthod et son ami n'aient pas desserré les dents, les bavardages qui les étourdissent depuis une heure leur ont desséché le gosier. Ils se dirigent donc vers la buvette du Palais où l'on faisait, paraît-il, assez bonne chère. Aux instances de l'hôtesse qui leur offre les mets les plus variés, nos compagnons se contentent de répondre :

> Donnez-nous du vin seulement
> Nous boirons un coup vistement.

Sortis de l'antre de la chicane, Berthod et son provincial tombent au milieu des embarras de voitures, qui étaient alors si fréquents devant le Palais. C'est avec grand'-peine qu'ils se fraient un chemin au milieu des laquais et des charretiers qui se gourment, des carrosses et des tombereaux versés.

Au Pont-au-Change le passage n'est pas plus facile. Notre poëte est séparé pendant quelques instants de son ami par la cohue qui se bouscule dans cette voie assez étroite, la seule qui rattachât alors la Cité à la rive gauche de la Seine, et Berthod éprouve une mésaventure tragi-comique. Un gentilhomme, qui le prend pour un autre, le saisit au collet, l'accuse d'avoir suborné sa femme et l'accable des épithètes les plus mal sonnantes. Grande émotion parmi les passants et les bourgeois du voisinage; on veut faire un mauvais parti à notre homme, et ce n'est pas sans avoir reçu plus d'un horion qu'il parvient à s'échapper des mains de ces furieux et à rejoindre son camarade.

Poussant ceux-ci, bousculés par ceux-là, voici les promeneurs arrivés, dans le voisinage des Halles, au fameux Charnier des Innocents. Sous les galeries qui entourent ce cimetière se trouvent des trafiquants de toute sorte, et c'est dans ce lieu qu'a fleuri pendant plusieurs siècles l'industrie des écrivains publics. Approchons-nous de l'échoppe de l'un de ces complaisants secrétaires et prêtons l'oreille avec Berthod. Voici d'abord :

> . . . . Monsieur la Ramée
> Volontaire suivant l'armée,
> Depuis les sieges de Clerac,
> De Nerac et de Bergerac,

qui, s'adressant à l'écrivain, lui dit :

> « Monsieur, je suis tres-malheureux
> J'ayme une jeune damoiselle,
> Mais je ne suis pas connu d'elle.
> Elle se nomme Loüison,
> Et je sçay fort bien sa maison.
> Il faut que vous preniez la peine
> De m'escrire une lettre, pleine
> De beaux discours, où vous marquiez
> Par des vers, où vous expliquiez
> Le jour que j'eus sa connoissance,
> Et qu'il n'est point dedans la France
> D'homme plus amoureux que moy;
> Que je luy veux donner ma foy;
> Après, vous luy direz encore
> Que dans mon ame je l'adore,
> Que ses beaux yeux me font mourir.

La Dulcinée, à laquelle doit être adressée cette brûlante épître, est

Mademoiselle Loüison,
Demeurante chez Alizon,
Justement au cinquiesme estage,
Près du Cabaret de la Cage,
Dans une chambre à deux chassis,
Proche Saint-Pierre-des-Assis (1).

Quand M. Jourdain, l'homme habile qui fait de la prose sans le savoir, demande à son maître de philosophie de lui rédiger un poulet à l'adresse de la belle marquise dont les beaux yeux le font mourir d'amour, ce dernier lui donne le conseil de s'en tenir aux expressions les plus simples et les plus naturelles. Mais quand, au XVIIe siècle, La Ramée fait appel au beau style et au talent du secrétaire du cimetière Saint-Innocent pour dépeindre sa flamme à une modeste chambrière, quand aujourd'hui Dumanet ou Boquillon veulent faire partager leurs feux à un vulgaire cordon bleu, la chose se passe autrement. L'écrivain public prend la plume et se livre au pathos le plus grotesque. Berthod a plaisamment donné carrière à sa verve gauloise et à son talent

---

(1) La petite église de St-Pierre-des-Arsis, située dans la Cité, rue de la Vieille-Draperie.

satirique, et, sous le titre de *Lettre du haut style ou l'extravagance d'amour,* il a intercalé dans son poëme une piquante et spirituelle parodie des *Lettres amoureuses* de Cyrano de Bergerac et du style des soidisant beaux-esprits de son temps.

A quelques pas de là un autre écrivain donne audience à une servante qui « ferre la mule, » c'est-à-dire qui fait danser l'anse du panier. Il s'agit de rédiger le compte qu'elle doit présenter à sa maîtresse et de lui permettre d'empocher sur ses achats un quart au moins de bénéfice. Le scribe opère suivant les désirs de cette domestique infidèle; mais, quand il s'agit de payer les dix sols d'honoraires réclamés pour cette honnête besogne, il s'élève entre les parties une violente contestation dans laquelle les gros mots ne sont pas épargnés.

Le provincial et son guide en ont bientôt assez. Ils s'éloignent et nous arrivons avec eux à l'étalage d'un marchand de tableaux et d'estampes. Nous nous y arrêterons quelques instants avec eux, et les vers de Berthod nous fourniront nombre de détails intéressants sur l'histoire des arts en 1650.

C'est un illustre personnage,

Que le marchand auquel Berthod adresse ainsi la parole :

« Dieu vous gard, Monsieur Guerineau !
N'avez-vous icy rien de beau ?
Avez-vous des pieces nouvelles ? »

Nous sommes probablement chez René Guerineau ou Guerigneau, graveur d'ornements et en même temps marchand d'estampes, auquel on attribue quelques œuvres estimables. Il répond à ses visiteurs :

« Oüy, Messieurs, j'en ay des plus belles :
J'ay de beaux crayons à la main,
Qui sont faits sur du parchemin (1),
J'ay de bellisimes estampes.
. . . .
Si vous en voulez acheter,
Vous les pourrez tous feüilleter :
Ils sont auprès Saincte-Opportune,
A l'Enseigne de la Fortune.
Je reviendray dans un moment.
— Allez donc, courez vistement ! »

(1) Dessins au crayon.

Pendant que Guerineau va chercher ses estampes, le poëte met en garde son compagnon contre les dires du marchand :

> Quand tu verras sa marchandise,
> Tu verras bien de la sottise.
> Il nous montrera des grimaux (1),
> Qu'il nous fera passer pour beaux.
> Des tailles-douces enfumées,
> Mal-faites et mal-imprimées,
> De meschants petits charbonis (2),
> De vieux morceaux de griffonis,
> Desquels il fait autant d'estime
> Que d'une chose rarissime.
> Bon, bon, le voici qui revient ;
> Il va nous montrer ce qu'il tient :
> Nous verrons des badineries
> Et de plaisantes drosleries.
> « Çà, Monsieur Guerineau, voyons,
> Montrez-nous un peu ces crayons ?
> Sans doute ils sont de consequence.
> — Oüy, Messieurs, ils sont d'importance.
> Je m'en vais vous les montrer tous ;
> Vous verrez qu'ils sont touchez doux.
> J'en ai de beaux de Caravage,
> Du Titian et du Carage (3) ;

(1) Pochades, croquis, ou *bonshommes*, comme on dit aujourd'hui.
(2) Dessins à l'estompe, au charbon, au fusain.
(3) Du Titien et d'Annibal Carrache ou d'un de ses frères.

J'ay des pieces du Tintoret,
Du Parmaisan (1), d'Albert Duret (2) ;
J'ay la *Danaé* de Farnese (3),
Deux grands desseins de Veronese,
L'*Architecture* d'Ondius (4),
Les nuditez de Goltius (5),
Quatre crayons faits par Belange (6),

(1) François Mazzuolli, dit le Parmesan, né à Parme en 1504, mort dans cette ville en 1540, peintre célèbre, dont les ouvrages sont pleins de grâce et ont été souvent gravés. « Les dessins de ce peintre sont encore plus recherchés que ses tableaux ; le beau maniement de la plume y égale l'esprit, la touche et la légèreté. Ses figures sont en mouvement, leur contour est admirable, et il semble que le vent agite ses draperies. » (*Dictionnaire des Artistes*, par l'abbé de F[ontenay], Paris, 1776, 2 vol. in-12.)

(2) L'illustre Albrecht Dürer.

(3) Il s'agit ici d'une gravure du fameux tableau de *Danaé,* qui fut commandé au Titien par Octave Farnèse, duc de Parme et de Plaisance, et qui a été exposé à Caen, il y a quelques années, dans une des salles de l'hôtel-de-ville.

(4) Ce sont *Les Cinq Rangs de l'Architecture toscane, dorique, ionique, corinthienne,* etc., suite de planches composées par Henry Hondius et publiées à Amsterdam, en 1617.

(5) Henry Goltzius, graveur et peintre sur verre, mort à Harlem en 1617. Ses compositions sont très-estimées ; il y introduisait volontiers des nudités qu'il excellait à représenter. Ses dessins à la plume sont également fort beaux.

(6) Jacques Belange, ou mieux Bellange, de Nancy, mort vers 1638, peintre et graveur d'un talent médiocre.

Et trois autres par Michel-Ange,
Un beau dessein de Raphaël :
Jamais homme n'en vit un tel ;
C'est une piece à la sanguine.
J'ay, de plus, une *Proserpine*,
Faite par un certain Flamand,
Qui tient quelque chose du grand (1).
J'ay des esquisses de La Belle (2),
Les paysages de Perrelle (3) ;
J'ai du Guide quatre desseins
D'un grand tableau de la Toussains ;
J'ay deux testes de Veronique,
Qui sont faites d'après l'antique ;
Trois figures à demy corps,
Faites par un certain Du Cors :
C'estoit un brodeur d'importance (4)
Après, j'ay, des peintres de France,

(1) Cette pièce est inconnue.

(2) Stephano della Bella, célèbre graveur florentin, mort en 1664, après avoir longtemps travaillé à Paris. Son œuvre consiste en plus de 1,400 pièces dont on peut voir la description dans l'*Essai d'un Catalogue de l'œuvre d'Etienne de La Belle*, par le sieur Jombert, libraire à Paris.

(3) Gabriel Perrelle, mort en 1675, gravait alors des vues de Paris, aujourd'hui fort recherchées, d'après ses propres dessins et ceux d'Israël Sylvestre.

(4) Cet artiste n'est pas mentionné par l'abbé de Marolles dans le *Livre des Peintres*, ni dans la *Description succincte de Paris* en vers, où il nomme cependant les principaux brodeurs de son temps.

Tout ce qu'ils ont fait de nouveau,
Mais c'est quelque chose de beau
Ce sont des desseins à la plume,
En grand et en petit volume :
J'en ay de Vouët (1), de Poussin (2),
De Stella (3), La Hire (4), Baugin (5),
De Perrier (6), du Brun (7), de Fouquiere (8)
(De celui-cy je n'en ay guere) ;

(1) Simon Vouët était mort en 1649.

(2) Nicolas Poussin habitait Rome à cette époque et était dans tout l'éclat de sa réputation.

(3) Il y a eu trois peintres estimés du nom de Stella : les deux frères, Jacques et François, et leur neveu, Antoine Boussonet Stella. Leurs descendantes, Françoise, Claudine et Antoinette, ont laissé des gravures remarquables.

(4) Laurent de La Hyre, élève de Vouët, mort en 1656. Le musée du Louvre possède un assez grand nombre d'œuvres de ce peintre.

(5) Lubin Baugin, graveur au burin et peintre, est cité par l'abbé de Marolles.

(6) François Perrier, peintre et graveur estimé, né à Mâcon, mort à Paris, en 1660, âgé de soixante-dix ans.

(7) Charles Lebrun, l'un des plus grands peintres de l'école française. Né en 1619, il était déjà célèbre en 1650. Sa réputation avait été établie d'une manière incontestable par ses décorations de l'hôtel Lambert et de plusieurs autres somptueuses habitations de Paris. Deux années auparavant, en 1648, il avait produit divers tableaux de sainteté qui l'avaient placé au premier rang des artistes contemporains.

(8) Jacques Foucquières, d'Anvers, peintre estimé de paysages et habile graveur à l'eau-forte.

J'ay bien encore du Sueur
Le griffonnement du Sauveur (1).
Enfin, j'ay quantité de pieces.
J'ay tous les Dieux et les Deesses,
Faites par un certain Pinal (2),
Qui peint au Palais Cardinal ;
J'ay cinq ou six crayons de Lasne (3),
Entr'autres une piece profane.
J'en ay trois autres du Meslan (4) ;
Sur tout, vous verrez un milan,
Qui porte en l'air une figure,
La plus belle de la nature.
J'en ay bien aussy de Daret (5) ;

(1) On voit par ce passage que les moindres esquisses d'Eustache Lesueur étaient alors fort recherchées.

(2) L'abbé de Marolles l'appelle Pinac, dans son *Livre des Peintres*, et dit que ses ouvrages sont dignes d'éloge. Il s'agit sans doute de Giuseppe Pinacci, peintre siennois, né en 1642, mort en 1710 ou, selon d'autres, en 1718.

(3) Michel Lasne, né à Caen en 1596, mort à Paris en 1667, dessinateur et graveur au burin, était encore dans toute la vigueur de son talent. Sa manière facile et pleine d'adresse lui a assuré une réputation durable.

(4) L'un des savants professeurs de l'École des chartes, M. Anatole de Montaiglon, a donné un excellent catalogue (Abbeville, 1856, in-8°) de l'œuvre du graveur Claude Mellan, né à Abbeville, en 1598, et mort en 1688.

(5) Pierre Daret, de Pontoise, graveur, auteur de nombreux portraits, florissait au milieu du XVIIe siècle. Il fut le maître de François de Poilly.

D'autres de la main de Huret (1).
J'ay la grande These du Carme (2),
Où Mars paroist comme un gendarme :
Elle est du Pere Suarez.
Ensuite vous verrez après
Quatre ou cinq pieces merveilleuses,
Très-rares et très-curieuses :
On n'a rien veu de plus mignon,
C'est de Bosse (3) ou de Calignon (4).
J'ay quelque chose d'admirable ;
Jamais on n'a rien veu semblable ;
Un crayon qui n'a point de pair,
Dessigné par Monsieur Linclair,

(1) Grégoire Huret, graveur, né à Lyon en 1610, mort en 1670.

(2) On faisait graver avec luxe les thèses que l'on dédiait à de grands personnages. Souvent aussi on les faisait imprimer sur satin.

> Les thèses qu'on y voit y sont considérables,
> Pour montrer quel dessein l'on a le plus souvent
> De flatter de bonne heure, en prenant le devant,
> Les seigneurs que l'on peut avoir pour favorables.
>
> (L'abbé de Marolles, *Le Livre des peintres et graveurs*,
> édit. G. Duplessis, in-16, 1872, p. 73.)

(3) Abraham Bosse, le célèbre et habile graveur, né à Tours en 1611, mort en 1676.

(4) Au lieu de Calignon, il faut lire Colignon (Pierre), graveur habile, né à Nancy, qui devint plus tard marchand d'estampes à Rome. Il a gravé à la pointe différentes vues topographiques de France.

Dont Silvestre (1) a fait une planche
Mais je ne l'auray que dimanche ;
C'est un grand profil de Paris,
Mais il n'est pas de petit prix.
Enfin, j'ay quantité de choses.
J'ay toutes les Metamorphoses (2) :
Si vous voulez, nous verrons tout ?...
Mais vous estes là tout debout :
J'ay grand peur qu'il ne vous ennuye,
Et puis voicy venir la pluye ;
Peut-estre vous vous moüilleriez,
Puis après vous vous fascheriez.
Vaut mieux remettre la partie.
A demain donc, je vous en prie.
— C'est bien dit, vous avez raison,
J'iray dedans vostre maison.
Adieu donc, jusqu'à la reveüe ! »

(1) Il s'agit ici de Lincler, peintre cité avec éloge par l'abbé de Marolles, et du fameux graveur Israël Silvestre ; quant à ce « grand profil de Paris », c'est la grande vue de Paris, prise du Pont-Rouge ou Barbier, datée de 1650, année même où le poëme de Berthod, que nous analysons, fut imprimé pour la première fois. Le dessin de Lincler est peut-être la copie d'un des tableaux d'Eustache Le Sueur, qui ornaient le petit cloître des Chartreux ; toujours est-il que ce tableau est identique, dans tous ses détails, avec la gravure d'Israël Silvestre.

(2) Un grand nombre d'artistes, entre autres Virgile Solis, ont mis en estampes les *Métamorphoses* d'Ovide ; mais le bibliophile Jacob pense que le marchand veut parler ici de la suite gravée à l'eau-forte par W. Baur, en 1641.

Il n'est assurément aucun de nos lecteurs qui n'eût voulu profiter le lendemain du rendez-vous assigné par Guerineau. Son magasin était bien achalandé et, s'il disait vrai, ses collections renfermaient bien des choses dignes d'attirer longuement l'attention des amateurs. Eh bien! voyez comme les poëtes ont l'esprit mal fait, Berthod entraîne son compagnon en lui disant :

> Ce drole icy nous prend pour grüe ?
> C'est un meschant double camard,
> Un illustrissime bavard.
> As-tu remarqué sa manie,
> Et la plaisante litanie
> Qu'il a faite de tous ces gens ?

On accordera sans peine à notre burlesque que Guerineau est bavard, et trèsbavard, et que son boniment est certainement rempli d'exagération sur la qualité des œuvres qu'il cherche à vendre aux chalands ; mais alors pourquoi nous narrer si longuement cette station chez le marchand d'estampes ? Et le provincial qu'accompagne Berthod ne fait pas l'ombre d'une objection au jugement trop sévère de son ami. Décidément ces compagnons ne méritent pas que nous les plaignions de tous les embarras qu'ils éprouvent dans leur course à travers la « grand'ville. »

Du reste, après avoir quitté Guerineau, il leur arrive tant de désagréments dans le quartier des Halles, que, bousculés, éreintés, crottés de la tête aux pieds, ils remettent à un autre jour la suite de leurs promenades dans Paris et rentrent chacun chez eux. Il est tard et ils se disent que la journée a été des plus fatigantes. Puisse le lecteur ne pas faire la même réflexion que les deux amis que nous venons de suivre dans leur excursion.

Caen, typ. F. Le Blanc-Hardel

www.ingramcontent.com/pod-product-compliance
Lightning Source LLC
Chambersburg PA
CBHW060711050426
42451CB00010B/1390